LETTRE

A

M. LE MARQUIS DE BONNAY,

PAIR DE FRANCE, MINISTRE D'ÉTAT, LIEUTENANT GÉNÉRAL DES ARMÉES DU ROI, GOUVERNEUR DU CHATEAU ROYAL DE FONTAINEBLEAU;

SUR LE RAPPORT

PRÉSENTÉ AU ROI

PAR LA COMMISSION D'ENQUÊTE NOMMÉE LE 30 JUIN 1824,

PAR M. FILLEUL-BAUGÉ,

Adjudant du château royal de Fontainebleau, ex-directeur en chef des services réunis de l'armée d'Espagne.

PARIS,

DE L'IMPRIMERIE D'HIPPOLYTE TILLIARD,

RUE DE LA HARPE, N° 78.

1825.

Cette lettre était destinée à détruire dans l'esprit du noble gouverneur du château de Fontainebleau, sous les ordres duquel je sers le Roi, les impressions produites par le rapport de la Commission d'enquête.

Il a bien voulu m'engager à la faire imprimer, et je saisis avec empressement ce moyen de me défendre aussi devant le public des préventions inspirées contre moi.

La précipitation avec laquelle cette lettre a été écrite, et la nécessité de me renfermer dans des limites resserrées, ne m'ont pas permis de donner à ma justification toute l'étendue dont elle est susceptible. J'espère qu'elle paraîtra plus complète encore et sans réplique dans un mémoire que je me propose de publier incessament.

Paris, le 10 mars 1825.

MONSIEUR LE MARQUIS,

Vous me faites l'honneur de me demander des explications sur ma conduite à l'armée d'Espagne, et sur les inculpations graves que le rapport présenté au Roi par la commission d'enquête a fait peser sur moi.

Je me dois à moi-même de me justifier des préventions dont je suis l'objet, mais j'éprouve surtout le besoin de me disculper à vos yeux. La bienveillance dont vous m'avez toujours honoré, m'est trop précieuse pour que je ne cherche pas à la conserver, et j'en serais indigne, si les allégations consignées dans le rapport au Roi, acquéraient plus de force par mon silence.

La commission a déclaré qu'elle avait cru devoir s'abstenir de juger les personnes, et que l'examen des faits l'avait exclusivement occupée. Cependant, sans intérêt pour l'objet de l'enquête, sans que les circonstances avec lesquelles ma conduite est exposée, aient contribué à l'éclaircissement des faits, tout étranger que je suis aux fautes imputées à l'administration, je suis présenté au Roi comme ayant trahi mes devoirs, et je suis accusé d'avoir tantôt blâmé, tantôt loué les traités passés avec le munitionnaire, et d'avoir changé de langage suivant les circonstances.

Plus le rang des auteurs du rapport est élevé, plus leur mérite est éminent, plus leur situation et la confiance de S. M. prêtent d'autorité à leurs paroles, et plus la nécessité de me défendre devant vous, Monsieur le marquis, des conséquences de leur opinion, me paraît impérieuse.

Je respecte leurs personnes, j'honore leurs caractères, mais en ce qui me concerne, ils ont été certainement trompés, et je ne puis craindre de les offenser en relevant des erreurs qu'ils ont commises involontairement.

Je me hâte, Monsieur le marquis, d'entrer en matière, et tout entier à ma défense personnelle, j'élaguerai les faits qui ne s'y rapportent pas.

La guerre d'Espagne a été la première que le gouvernement ait entreprise depuis trente ans avec l'intention d'en avancer tous les frais, et d'en régler méthodiquement les dépenses pendant la marche de nos troupes sur le territoire étranger. C'était une conséquence du gouvernement légitime; et une nécessité pour une guerre de restauration.

Autrefois pendant les longues guerres de la république, puis de l'empire, il etait admis en principe que notre armée dut vivre des ressources et aux frais du pays conquis; la victoire rendait maîtres d'un champ de bataille, des escarmouches y assuraient les distributions.

Toutes les prévisions de l'administration se bornaient alors à frapper des réquisitions, quand elles étaient possibles, et à les repartir, pour en former des magasins, sur les points les plus rapprochés de l'armée.

Un pareil système ne devait pas former des administrateurs consommés, et la liquidation de leurs comptes était d'ailleurs facile.

Tout était donc nouveau dans la campagne que l'on préparait dès la fin de 1822, et il n'est pas étonnant que la prévoyance du ministère se soit trouvée, sinon en défaut, du moins trop confiante pour des circonstances nouvelles, ou que les ordres donnés par lui n'aient pas été complètement exécutés.

Je regarde ce point de départ comme incontestable, car la commission d'enquête s'exprime ainsi dans son rapport au Roi :

« Quand la guerre a été résolue, et même long-temps auparavant, la prévoyance du ministère n'a point été en défaut; les approvisionnements prescrits étaient suffisants; ils ont été commandés à temps; les préparatifs pour la formation des équipages exigeaient un long délai; la difficulté de trouver des hommes les a retardés, et les moyens par lesquels on a cherché à y suppléer *ont manqué* ET AURAIENT ÉTÉ INSUF-

» FISANTS. Le système pour l'administration des subsistances » au-delà des Pyrénées *avait été aperçu, mais il n'a pas été » assez positivement tracé.* »

Je ne crois pas d'ailleurs, Monsieur le marquis, devoir vous entretenir de la situation tant de fois discutée, des approvisionnements réunis à Bayonne, au moment du passage de la Bidassoa; je pense toutefois que suffisant pour les premiers besoins, ils étaient incomplets, du moins au 7 avril; il est constant que l'organisation des transports était manquée; le bataillon d'ouvriers d'administration n'était pas arrivé, enfin le personnel du service des subsistances dans lequel j'avais trouvé d'utiles collaborateurs, laissait cependant beaucoup à désirer.

De si graves difficultés ne m'ont point effrayé, et lorsque à tort ou à raison, elles n'étaient plus contestées à Bayonne, lorsqu'elles avaient mis M. le maréchal duc de Bellune, dans le cas de se plaindre hautement de l'inexécution de ses ordres, quand elles semblaient appeler une mesure extraordinaire que chacun provoquait; seul peut-être des fonctionnaires de l'administration, je n'ai point abdiqué les fonctions qui m'avaient été confiées, et chargé de diriger le service des subsistances à l'armée des Pyrénées; *mais seulement en Espagne*, j'ai proposé jusqu'au dernier moment des moyens d'y pourvoir, en exécutant le système indiqué par le ministre.

Mon dévouement n'a redouté aucun obstacle, et dans l'excès d'un zèle imprudent peut-être, je n'ai calculé ni les embarras que la résistance des troupes ennemis pourrait apporter dans l'exécution du service, ni la responsabilité que j'allais encourir comme comptable de deniers publics qu'il fallait dépenser fort irrégulièrement sans doute pendant les premières marches de l'armée.

Mes propositions ont toujours été repoussées, et M. l'intendant en chef Sicard a déclaré dans un rapport imprimé (t. 3, pag. 553), qu'elles ne lui avaient pas offert de garanties suffisantes.

Lorsque j'appris seulement avec le public, la conclusion des marchés du 5 avril, qui mettait l'administration des subsistances à la disposition de M. Ouvrard, je résolus de me retirer immédiatement, et si je cédai aux instances qui me furent faites pour conserver mes fonctions de Directeur en chef des services réunis, sous le munitionnaire, j'y fus déterminé par un motif plus fort que ma répugnance à participer à l'exécution de ces marchés, par la crainte que ma retraite n'entraînat la défection d'un grand nombre d'employés, et ne me fit accuser d'avoir compromis le service important des subsistances.

Je passai donc la Bidassoa avec l'avant-garde de l'armée, et l'accompagnai jusqu'à Madrid; mais je ne cessai pas de croire à la possibilité de résilier les marchés de Bayonne, et je regardai comme un devoir de provoquer cette résiliation.

J'entretenais depuis mon arrivée à Bayonne, avec M. de Perceval, intendant-général de l'administration de la guerre, une correspondance privée que vous avez vu figurer, Monsieur le marquis, parmi les pièces justificatives produites par la commission d'enquête. Chacune de ces lettres, écrite avec l'abandon qu'admet une confidence intime, se ressent de l'impression qui l'a dictée. L'idée dominante de cette correspondance est l'espoir d'obtenir un changement dans l'administration de l'armée, et je dois avouer que tout ce qui flatte cet espoir, est présenté avec un empressement qui n'est pas toujours exempt d'exagération.

J'étais loin de m'attendre que ces lettres toutes confidentielles, dont aucune n'est signée, pussent être livrées à la commission d'enquête comme documents officiels, et je m'étonne qu'en les rapportant, les membres de la commission n'aient pas même parlé de leur caractère secret, et du cachet d'intimité dont elles portent l'empreinte.

Mais je cherche surtout, Monsieur le marquis, et ne trouve dans aucune partie des développements qu'offre le travail complet de la Commission, les motifs de l'opinion qu'elle a formellement exprimée au Roi, qu'au moment même où je critiquais les marchés du 5 avril, j'entrais en partage des bénéfices, et que j'étais devenu le sous-traitant du munitionnaire.

Suivant le rapport de la Commission, il paraîtrait, Monsieur le marquis, que ma situation personnelle, aurait nui au succès de la mission de M. le baron Joinville.

Qui croirait qu'une accusation aussi grave put être présentée légèrement, sans aucun degré de certitude, et entièrement dénuée de preuves?

Eh bien, elle n'est relatée dans aucune des pièces adressées à la Commission; toute l'armée sait qu'elle est contraire à la vérité, et je suis publiquement attaqué dans mon honneur sans que les préventions inspirées contre moi aient le moindre fondement, et sans que j'aie été mis à même de les dissiper.

J'ai souvent eu l'honneur de vous écrire, Monsieur le marquis, et vous savez que jusqu'à la convention du 26 juillet, je me suis borné vis-à-vis de M. Ouvrard, à subir les conséquences des traités, en attendant leur résiliation. Je remplissais encore les fonctions que le ministre m'avait confiées, mais je n'avais pris aucune part aux avantages que les traités accordaient au munitionnaire.

Bien plus, à l'époque où M. le baron Joinville, désespérant de résilier ces traités, s'occupait de les modifier, il avait conçu le projet de former, au compte du ministre de la guerre, une administration de surveillance, à la tête de laquelle il proposait de me placer.

Ce projet ne s'exécuta pas, et la convention du 26 juillet fut conclue.

Ainsi s'évanouit, sans retour, pour moi, l'espoir de reprendre les services pour le compte du Gouvernement, et je résolus encore de me retirer.

Libre de mes fonctions pour le compte de l'État, par le licenciement général que prononçait l'acte du 26 juillet, je reçu de M. Ouvrard, l'offre de diriger les services d'Irun à Madrid, pendant qu'il allait suivre la marche du quartier-général vers Cadix. Je refusai d'abord, mais déterminé par M. le commissaire du Roi, qui voulut bien croire que ma présence pouvait être une garantie de l'exécution du traité, je me décidai à régir pour le compte du munitionnaire, l'administration des subsistances militaires sur la ligne jusqu'à Madrid, à partir du premier août 1823.

C'est alors et seulement alors, qu'il fut convenu entre le munitionnaire et moi, qu'il m'allouerait sur des bases déterminées une partie des avantages que lui assurerait ma gestion ; convention qui ne ressemble point à un sous-traité, qui n'a rien d'occulte et que j'ai eu l'honneur, Monsieur le marquis, de vous faire connaître au moment même.

Certes, je ne crois pas qu'il y ait dans cette convention, rien qui soit réprouvé par la probité la plus sévère. J'étais devenu entièrement libre quand je l'ai souscrite, et elle n'a imposée aucune charge à l'État.

Vous n'avez point, Monsieur le marquis, désapprouvé ma conduite, et j'ose croire encore que les nobles commissaires du Roi ne l'auraient pas blamée, si cherchant à s'éclairer sur ces faits particuliers, ils avaient daigné m'adresser quelques questions pour les mieux apprécier, lorsque je fus appelé devant eux.

Je crois avoir répondu, monsieur le Marquis, au reproche le plus grave de la commission, il me reste à expliquer les prétendues contradictions qu'elle m'attribue.

Lorsqu'elle me manda devant elle, après m'avoir interrogé sur les faits généraux soumis à son enquête, elle m'invita à lui adresser un rapport écrit.

Vous savez, Monsieur le marquis, que je n'ignorais pas en le rédigeant, que mes lettres confidentielles à M. de Perceval étaient entre les mains de la commission, j'avais déjà protesté devant elle contre l'usage qu'on prétendait en faire, et j'ai eu l'honneur dans le temps de vous faire part de cette circonstance. Il ne s'agissait pas dans la situation où les choses étaient placées, de répéter, devant une commission suprême des confidences écrites avec trop d'abandon ; il fallait présenter des faits non pas tels peut être que je les avais vus, avec des préventions autorisées par ma position personnelle, mais sous les couleurs que le temps et la réflexion, leur avait imprimées dans mon esprit.

Voilà pourquoi, Monsieur le marquis, mon rapport à la commission, qu'elle a livré par une fâcheuse exception à une critique sévère, n'indique que des faits généraux, et diffère à quelques égards de mes lettres privées.

Il établit que les préparatifs de la campagne étaient incomplets à l'époque où on a dû la commencer, et j'en ai conclu qu'une mesure extraordinaire était nécessaire pour suppléer à ce qui manquait; mais je me suis hâté de déclarer, dans le même rapport que je n'aurais jamais proposé comme moyen de salut, le traité du 5 avril, et sur ce point je suis d'accord avec moi-même, avec les propositions que mon zèle m'inspirait au au moment du passage de la Bidassoa.

Mais dit la commission, vous avez dans vos lettres particulières, répété plusieurs fois, qu'il y avait dans les prix accordés au munitionnaire, une lésion considérable pour le Gouvernement, et dans votre rapport du 15 septembre 1824, vous prétendez que les prix ne sont pas trop élevés?

Sans doute, et je soutiens encore l'opinion exprimée dans mon rapport à la commission, qu'une entreprise générale n'était possible qu'avec des prix trop élevés. J'ai démontré dans le temps à Bayonne, que les principales difficultés du service se présenteraient au commencement de la campagne; qu'un entrepreneur ne manquerait pas de les faire valoir pour régler les prix d'un traité, et qu'il exagérerait les chances à courir; cette raison seule m'aurait fait invariablement repousser ce mode d'exécution dans l'intérêt du trésor; mais puisqu'il était admis, puisqu'on n'avait pu le faire cesser, les conséquences en étaient inévitables.

Je vous supplie d'ailleurs, Monsieur le marquis, de vouloir bien remarquer la différence qui signale les deux époques, où l'on s'efforce de me mettre en contradiction avec moi-même, en citant des phrases détachées, soit de mes lettres, soit de mon rapport.

Jusqu'au 26 juillet, en effet, ce qui existait pouvait être changé, et je croyais ce changement utile; des récriminations pouvaient donc ne pas être sans effet. Depuis la formation de la Commission d'enquête, tout était consommé, irréparable, et ne connaissant point de coupables, n'ayant point à en signaler à la justice du gouvernement, mon rôle se bornait à exposer des faits à peu près incontestables, ou à soumettre les réflexions qu'ils m'avaient inspirées.

Ici, Monsieur le marquis, devrait s'arrêter ma justification, mais un volume imprimé, sur lequel vous avez peut être jeté les yeux, contient les rapports de MM. les officiers-généraux et les membres de l'intendance militaire sur l'exécution du service. Parmi ces derniers rapports, la plus part larges distributeurs du blâme, plusieurs attaquent la manière dont j'ai rempli mes fonctions à l'armée, je crois vous devoir quelques explications à ce sujet.

Je vous prie, Monsieur le marquis, de vouloir bien remarquer que dans les rapports présentés sur le service des mêmes corps d'armée des autorités différentes, il existe des contradictions qui peuvent laisser penser que sur les mêmes lieux, les choses n'étaient pas jugées de la même manière par tout le monde; plùs d'une fois, en effet, l'officier-général a approuvé, ce qui a paru tout-à-coup digne de blame au sous-intendant militaire.

Passant aux faits particuliers, je ne parlerai pas du service de la marche de l'armée d'Irun à Madrid, parce que l'on a généralement rendu justice aux efforts que j'ai déployés pour assurer la subsistance des troupes dans un pays souvent dénué de ressources.

J'en viens au service plus particulièrement confié à ma direction, du 1er août au 31 décembre 1823, sur la ligne d'Irun à Madrid.

Dans l'arrondissement de Madrid où je résidais, il n'a donné lieu à aucune plainte.

Dans l'arrondissement de Burgos, il a été compromis une fois dans le mois de septembre; mais je suis accouru sur les lieux, et je l'ai rétabli, malgré des efforts qui auraient dû se concerter avec les miens, mais que j'ai trouvé hostiles au risque de nuire au service.

Dans l'arrondissement de Vittoria, le rapport de M. l'intendant prouve que le service a été fait d'une manière très satisfaisante.

L'administration du cinquième corps a élevé le plus de plaintes et les plus graves.

Au commencement d'août, lorsque ce corps passa la Bidassoa pour assiéger Pampelune, je me rendis à Tolosa, où M. le maréchal marquis de Lauriston me reçut avec une extrême bienveillance. S. E. voulut bien m'assurer qu'elle oubliait ses opinions comme membre du conseil, et que commandant snos les ordres de Monseigneur, elle ne s'opposerait pas à l'exécution d'une convention que S. A. R. avait approuvée; mais qu'elle exigerait que le service fut bien fait.

Malheureusement cas nobles dispositions n'étaient pas celles de l'administration, sous ses ordres.

Après avoir pourvu au service de la place de Tolosa, je partis pour le camps sous Pampelune, avec un sous-intendant militaire. Nous arrêtâmes de concert les mesures à prendre, nous réglâmes l'enplacement des magasins; ce fut l'objet d'un rapport qui reçut l'approbation de M. le maréchal. Il fallait bien que le service fut assuré, puisque le sous-intendant qui m'avait accompagné, avait l'ordre formel de M. le maréchal de passer des marchés d'urgence, s'il en était autrement, et qu'il n'en passa aucun.

Je remis alors aux agents chargés de l'exécution du service les fonds et les instructions nécessaires, et je repartis pour Madrird.

Je pourais dire que, si depuis le service n'a pas été régulièrement exécuté, le blamé ne saurait m'atteindre; mais j'ai su par des rapports auxquels je dois ajouter foi : que pendant le siége de Pampelune, des mutations inopinément ordonnées dans l'emplacement des magasins, avaient entravées la réunion des denrées; que l'autorité tout en exigeant des approvisionnements considérables, refusait d'intervenir afin d'obtenir les locaux nécessaires pour les placer; qu'enfin lorsque la rentrée des moissons occupait toutes les voitures du pays; l'administration aimait mieux laisser ses équipages inactifs, que d'en aider momentanément le service des subsistances. Ce service n'était pas fait pour le compte direct de l'administration de la guerre, mais il n'en intéressait pas moins l'armée.

Quoiqu'il en soit, Monsieur le marquis, et malgré les obstacles qu'il a fallu vaincre, le service a été régulièrement fait; à la vérité, la distribution de la paille a manqué dans un cantonnement pendant douze heures; mais à un quart de lieue, les magasins regorgeaient de cette denrée.

Un membre de l'intendance a déclaré que le service ne s'était fait que par le moyen des ressources offertes par la junte de

Navarre ; un autre a rapporté que cet appel n'avait presque rien produit. La vérité est que la junte de Navarre a procuré quatre-vingt quintaux métriques de froment, c'est-à-dire 12,960 rations de pain, qui encore n'ont point été consommées, et qui ont été versées le premier janvier 1824, aux approvisionnements de siége.

Je ne puis, Monsieur le marquis, refuter chaque phrase des rapports adressés à la Commission d'enquête ; mais il m'importait seulement de vous démontrer qu'ils renferment d'assez grandes inexactitudes ; et d'établir que, du moins pour les faits qui sont à ma connaissance, plusieurs plaintes sont exagérées, beaucoup sont injustes.

Dans l'explication qui précède, j'ai cherché, Monsieur le marquis, à vous démontrer l'injustice des inculpations dirigées contre moi ; mais je me suis appliqué à éloigner toutes les questions de personnes. Victime moi-même de funestes préventions, je dois me préserver de l'erreur, et ne point accuser légérement en repoussant des accusations trop facilement accueillies.

J'ose espérer, Monsieur le marquis, que vous trouverez dans cet exposé de ma conduite, une réponse victorieuse à tous les reproches qui m'ont été adressés. Parmi les biens que de perfides accusations pourraient m'enlever, l'estime dont vous daignez m'honorer, est un de ceux auxquels j'attache le plus de prix : et votre suffrage a trop de poids, pour que je ne le regarde pas comme l'appui le plus fort contre l'injustice et la calomnie.

Je suis avec le plus profond respect,

Monsieur le Marquis,

Votre très humble et très obéissant serviteur,

BAUGÉ,

Adjudant au château royal de Fontainebleau, ex-directeur en chef des services réunis à l'armée des Pyrénées.

www.ingramcontent.com/pod-product-compliance
Ingram Content Group UK Ltd.
Pitfield, Milton Keynes, MK11 3LW, UK
UKHW020502220726
13923UKWH00006B/2711